AF370150

Lettre d'une dame du faubourg Saint-Germain à M. M.P. de M, secrétaires du roi (Éd.1772)

20
Unidades

LETTRE D'UNE DAME

DU FAUXBOURG S. GERMAIN,

A MM. P*** DE M***,

SECRÉTAIRES DU ROI,

DE J***,

Amateurs du Théâtre, & Auteurs du nouveau Projet pour la Comédie Françoise.

A AMSTERDAM,

Et se trouve à PARIS,

Chez C. A. JOMBERT fils aîné, Libraire, rue Dauphine, près le Pont-Neuf.

M. DCC. LXXII.

LETTRE

D'UNE DAME du Fauxbourg Saint
Germain, à MM. P*** de
M***, Secrétaires du Roi, de
J***, Amateurs du Théâtre, &
Auteurs du nouveau Projet pour la
Comédie Françoise *.

JE vous crois, Messieurs, au
moins des Anges descendus tout
exprès des Régions aériennes,
pour faire à nos yeux des prodiges, & sauver à nos bons Parisiens le ridicule qu'ils alloient se donner, en faisant *ressemeler* (si j'ose
me servir de ce mot), leur vieille Salle de

----

* Voyez une Lettre qui a pour titre : Extrait de l'Année
Littéraire.

A

Comédie. Grace à vous, à vos ingénieuses idées ; grace aux riches Hollandois, vos amis, qui les appuient de cinq ou six millions, nous aurons le plus somptueux, le plus beau & le plus nouveau de tous les Théâtres de l'Europe. Ce ne sera ni une Salle replâtrée, comme ce que l'on vouloit faire, ni une Salle placée comme une boutique sur le flanc d'une rue ; ce sera un Palais isolé, le vrai Palais de Melpomène. La Divinité Tragique n'aura plus pour voisins le Boucher, le Notaire, le Barbier, l'Apothicaire, la Marchande de tabac, &c. Sa demeure ne sera plus ignorée ni obscurcie par de chétives maisons, le repaire de l'indigence, de l'ignorance & de la débauche : l'air seul touchera ses murailles, & jouera avec les zéphirs, sous ses superbes portiques ; le petit Marchand reculé aux extrémités du quartier, fera place à de larges rues, à des bâtimens magnifiques, qui seront l'asile des graces, de l'esprit & des talens.

Ces bâtimens distribués & ornés avec tout le goût & l'art que présente la maison bâtie sur l'égoût de la nouvelle rue Saint

Florentin *, plaisent déja infiniment à mon imagination. J'aime à voir l'utile s'unir avec l'agréable, & j'admire (si l'on m'a bien informée) cette diftribution de cinquante appartemens complets au premier étage, de cent au fecond, de cent cinquante au troifiéme, & de deux cent au quatriéme, deftinés à loger les Auteurs qui donneront au nouveau Théâtre des Piéces nouvelles, les meilleures & les plus lucratives.

Cette idée eft magnifique. Jamais il n'eft venu dans nos têtes Parifiennes un moyen auffi ingénieux pour exciter l'émulation, & donner des Poëtes au Théâtre François. Ce moyen étoit réfervé aux plus grands Spéculateurs de l'Europe. Aucune Compagnie en France (où il y en a beaucoup) n'auroit ofé, fur la recette future de la Comédie, acheter tout un quartier, l'abattre, le rebâtir fomptueufement, y loger *gratis* & avec commodité, Acteurs, Actrices, Poëtes & Muficiens : plus, les vêtir, nourrir, rafraîchir, éclairer, chauffer, &c. A

Voyez la note de la Lettre intitulée : *Extrait de l'Année Littéraire*, où toutes les perfections de cette maifon font détaillées favamment.

A ij

la vérité, vous ne vous engagez à donner qu'un habit modeſte par an à vos
Auteurs, & trois dînés par ſemaine. Cela
ne ſera pas cher d'abord ; mais par la ſuite,
cette dépenſe pourroit devenir conſidérable : car ce monde-là, pullule beaucoup,
pour peu qu'on le nourriſſe.

Je crains que vous n'ayez encore, outre
cela, bien de la peine à le contenter,
ainſi que vos Acteurs & Actrices, ſur l'article des logemens. Vous avez beau dire
que vous ne les accorderez qu'en raiſon
des ſuccès ; d'abord au plus haut étage,
enſuite par degré juſqu'au premier, qui
ſera la marque de la célébrité. Je vois
vos jeunes Auteurs, aux moindres applau-
diſſemens du Public, après ce cri fantaſ-
que du Parterre : *l'Auteur*, *l'Auteur* . . .
oſer demander d'être logés avec M. de
Voltaire, ſur le même palier ; & juſqu'à
vos plus foibles Débutans & Débutantes,
s'eſtimeront devoir être au moins voiſins
des le Kain, des Brizard, des Molé, des
Préville, des Dumeſnil. . . L'amour-pro-
pre chez nous ne nous permet pas d'ap-
percevoir, ni de compter des degrés.

Le Public lui-même, quand il s'enthousiasme, les oublie quelque temps à son désavantage ; & par un retour aussi subit , il punit souvent avec trop de rigueur ceux qu'il avoit applaudis à toute outrance.

Vous ferez bien d'empêcher qu'aucun grand Seigneur ne puisse , par son crédit, faire loger au premier étage, ni même aux entre-sols, tout Poëte qui l'aura loué , & toute jeune Actrice qui n'aura pas , par ses talens pour le Théâtre, mérité d'arriver successivement à cette récompense. Les Actionnaires étant seuls Directeurs de ce Spectacle, & intéressés à le faire valoir, feront à merveille de n'admettre aucune Débutante, jeune & jolie, que préalablement elle ne prouve, devant bons témoins, qu'elle ne connoît, ni de près, ni de loin, Duc, Marquis, Comte, ni Baron. Il n'est pas juste que le Public paye par vingt ou vingt-cinq ans d'ennui & d'impatience, les complaisances passageres accordées à une seule personne , comme il est déja arrivé à l'égard de Mademoiselle . . . . de Mademoiselle . . . . de la petite . . . . de la grosse . . . . &c. &c.

A iij

Je vois encore avec grand plaisir les Arts répondre à la fertilité de vos idées ; je vois l'Architecture tracer des chefs-d'œuvres, & suivre (malgré les loix séveres qui réglent son compas) les traits ingénieux d'un esprit créateur.

Votre Salle sera placée admirablement ! car c'est un beau quartier que le Fauxbourg Saint Germain, un quartier passant ! Les belles rues, que les rues Mazarines, Saint André-des-Arcs, des Cordeliers, des Boucheries, des mauvais Garçons ! &c. Je trouve très-commode qu'il y ait une place, & une place vuide précisément devant la porte, que l'on puisse tourner à l'entour de cet édifice, & qu'il soit gravé (en maniere d'ornement) sur la muraille : *Défenses à toutes personnes de faire ici leurs ordures, sous peine de les remporter sur l'heure, ou de punition corporelle.* Si on faisoit bien, on écriroit cela en transparent, afin qu'étant vu aussi du dedans de la Salle, on pût faire perdre l'habitude d'affliger l'odorat dans les corridors, les escaliers & les passages ; mais de quelque maniere qu'on fasse peindre cette inscription, n'employez

point les talens de l'homme tristement
enjoué , qui rend le proverbe , *nécessité n'a
point de loi* , avec tout le naturel possible.

C'est aussi une bien jolie idée de faire
à jour tous les piliers ou les colonnes ex-
térieures , & de pratiquer dans ces vuides
d'agréables boutiques. Ce travail rendra
le coup d'œil de l'édifice plus hardi , plus
singulier ; & le soir , les illuminations in-
nombrables de ces petites loges , l'éclat
éblouissant des étoffes & des bijoux , pro-
duiront un effet merveilleux. On croira
voir un Palais de Fée. MM. du Colisée seront bien fâchés de n'avoir pas pensé à
cela. D'ailleurs toutes ces boutiques se
loueront ce que l'on voudra , les Mar-
chandes seront jolies , agaçantes , préve-
nantes , &c.

Ah ! si vos bons Hollandois , avec tout
l'argent , & toute la bonne volonté qu'ils
ont , étoient venus un peu plutôt se mêler
avec vous des monumens consacrés à nos
plaisirs , que de jolies choses vous auriez
ajoutées à notre aimable Colisée , & quel
monde vous y auriez attiré. Vous, Messieurs, qui fauchez comme un pré les mai-

fons du quartier de Buffi , vous n'auriez rien épargné pour rendre les avenues
de ce lieu faciles & charmantes ; vous
n'auriez pas oublié de femer de fleurs les
chemins par où paffent les Graces ; les
jardins auroient été fans bornes, ou auroient eu des bornes ignorées, & ils auroient été faits pour les délices des habi-
tans de l'air & de la terre. L'onde la plus
pure couleroit, & murmureroit entre des
rochers de marbre & de criftal ; le fallon
de danfes & de fêtes auroit été beau
comme le Palais de Flore , ou de l'Aurore.
Ce n'eft pas trop dire , on fait tout avec
des millions & du génie.

Peut-être auriez-vous fait même l'édifice moins compliqué , moins chargé d'i-
nutilités cheres, & la Salle principale,
d'une forme toute autre que ronde. L'o-
bligation de fe promener en tournant, ne
nous plaît pas plus qu'aux pauvres chevaux aveugles, à qui il fembloit jufqu'ici que ce genre de promenade étoit
réfervé. Ah ! combien il échappe encore
à mon imagination d'idées admirables,
peut-être économiques, que vous n'auriez

pas négligées. On a bien raison de dire : tant vaut l'homme, tant vaut la terre.

Sans l'esprit, le goût, le génie, on ne fait que des choses médiocres & communes. Les opérations laborieuses d'un mauvais ouvrier, coûtent autant de matiere, de main-d'œuvre (& souvent davantage) que celles d'un ouvrier fin, délicat, facile. Mais pourquoi perdre en réflexions un temps que je dois à l'admiration ?

Oui, on ne passera pas sans étonnement du dehors au dedans de votre Salle. Ces grands & superbes escaliers (que leur forme seule feroit regarder comme une merveille) seront encore un agent charmant de plaisir & de volupté ; toutes les marches seront placées de suite ; (cela va sans dire) mais on m'a assuré qu'elles seront mobiles, & qu'elles feront imperceptiblement, sous le pied, l'effet des touches d'un clavecin, qu'elles répondront à un nombre infini d'instrumens organisés & arrangés sous la Salle, à l'effet de produire les concerts les plus variés & les plus harmonieux, pendant tout le temps de l'entrée & de la sortie du Spec-

tacle. Quelle jolie imagination ! On n'en-
tendra que symphonies charmantes dans
tous les coins & recoins de la Salle ! On
m'a assuré encore que la même mécani-
que fera aussi rendre des sons imitans ceux
de la voix , aux statues qui décoreront les
escaliers, les galeries , les vestibules. Tout,
dans ce Spectacle , semblera être animé ;
les murs , les voûtes , l'air , retentiront de
chœurs admirables , & votre Salle pourra
être appellée, à juste titre , le chef-d'œuvre automate. Alors , plus d'orchestre,
plus de ces insupportables racleurs , qui
déchirent les oreilles , & blessent à la fois
les yeux du spectateur , qui supporte toujours avec déplaisir, (entre la scène & lui)
ces hommes - machines alternativement
mobiles & immobiles.

On pourra aussi , à volonté , sans le
secours des allans & venans , faire jouer
ces symphonies , ou les arrêter. On ne
peut rien de mieux ! On ne peut rien
concevoir au-dessus de cette merveilleuse
idée , & rien en même temps de si simple !
Voilà le vrai caractere du sublime.

Il ne faudroit pas , je crois, donner cette

faculté harmonique aux fiéges , aux banquettes des loges ; il y auroit trop d'inconvéniens : les mouvemens de chacun étant trop différens , trop irréguliers , & trop fréquens , fur-tout dans les petites loges ; cela mettroit de la confufion dans les accords. Vous êtes trop fages, Meffieurs , & trop habiles , pour ne pas mettre à cela de juftes bornes.

Votre Salle fera ronde , & de grandeur convenable. Il n'y a point de compliment à vous faire là-deffus ; mais on vous faura gré , fi les Acteurs peuvent s'y faire entendre , fans crier. Il eft effentiel de ménager le peu qu'on en a de bons ; & puis , le jeu naturel fert mieux l'illufion. On vous faura gré encore , & très-grand gré , de la forme de coquille d'œuf, & du peu de profondeur que vous donnez à toutes vos loges , fur-tout pour ces pauvres hommes, dont l'unique emploi eft d'être les complaifans des Dames , & qui n'ont fouvent vu, pour tout Spectacle , que le chignon gris d'une vieille Ducheffe , ou les *zéphirs* , & le *poftillon* rouge ou bleu d'une petite Maîtreffe.

Votre moyen pour éclairer chaque loge également, est encore fort simple : on en a tenté beaucoup infructueusement. Le vôtre ne laisse rien à désirer, & sera d'une grande épargne pour la Comédie. Si vous pouvez parvenir à obliger quatre personnes par loge à apporter leur bougeoir, il est certain que cela ne laisseroit pas de répandre de la clarté dans ces petites cavernes sombres, & de la répartir par-tout avec égalité. Cette dépense, peu considérable pour chaque Particulier, diminueroit beaucoup les frais journaliers de la Comédie. Les maris seroient chargés par préférence de tenir le bougeoir. La plus grande difficulté, (s'il y en a une) c'est d'obtenir cette ordonnance : car les nouveautés ont toujours de la peine à prendre, même avec l'évidence d'un plus grand avantage. Au surplus, si vous ne pouvez en venir à bout, vous ferez comme vous pourrez. Certainement avec des idées aussi lumineuses que les vôtres, vous ne pouvez manquer d'éclairer aussi bien votre nouvelle Salle, que les anciennes le sont aujourd'hui ; car il semble qu'elles le soient des lumieres de notre philosophie.

Comme l'administration de la Comédie ne sera plus conduite par le seul intérêt de Messieurs les Comédiens, il vous sera facile de rendre à ce Spectacle cet éclat, cette magnificence qu'il avoit autrefois aux yeux des Etrangers, & à nos yeux même. Il faut avec raison assujettir les femmes de qualité, les femmes riches, & toutes celles qui composent la bonne compagnie, à faire le premier ornement de ces assemblées : il faut les faire sortir de ces boites à poupées, où elles sont nichées, & de ces cachots sombres & noirs sous la Salle, où elles semblent être en prison, & les inviter à reprendre les premieres places que l'ordre & la décence publique leur avoient marquées, & qu'elles ont, à leur très-grand défavantage, laissé prendre à des femmes viles, qui ne les remplaçoient déja que trop dans d'autres occasions. Hélas ! qui le sait mieux que moi. Sans ces malheureuses, j'aurois encore un époux fidele, mes enfans auroient un pere tendre, un pere honoré, & n'auroient devant les yeux que des exemples honnêtes. Ils auroient pour héritage les vertus & les

biens de leurs ancêtres , leur confidéra-
tion , leurs emplois honorables ; & moins
près de l'indigence , ils feroient plus loin
de la baiffeffe , de la fervitude & de l'avi-
liffement. Ah ! pardon . . . Mon ame trop
affectée de cette fâcheufe idée , a détour-
né un moment mon efprit du plaifir que
lui infpire vos incomparables projets.

Après avoir pourvu à la clarté de votre
Salle , vous vous occupez auffi fructueu-
fement de la rendre falubre. Quelle obli-
gation on vous aura ! que de Médecins
en défaut , par la déroute des crifes vapo-
reufes , par l'infréquence des affections &
crifpations des nerfs , & fufceptibilité des
fibres de nos jolies femmes ! Ce n'eft pas
une chofe mal-adroite d'avoir fpéculé
que cet air engraiffé d'exhalaifons épaiffes ,
pouvoit tourner au profit de la chofe , en
le vendant aux nouveaux Vuidangeurs , à
tant par acte : ce fera à eux d'en afpirer &
pomper le plus qu'ils pourront dans les
entr'actes. Il n'y a que les premiers Né-
gocians de l'Europe pour faire des mar-
chés comme cela. Je doute cependant
que ces vapeurs purifiées , clarifiées , pul-
vérifées , ou mifes en bouteilles , puiffent

être jamais de défaite (comme ils le pen-
sent) aux Isles Britanniques, & un remede
contre la consomption. Cela auroit été
plus sûr autrefois du temps du bon Moliere,
temps où le François exhaloit jusqu'au
bout des doigts la gaîté; mais on nous a
apporté depuis quelque temps force pa-
cotille de mélancolies Angloises, de dra-
mes, &c . . . Je crains bien qu'il n'y ait
rien à gagner à ce trafic.

Si vous avez quelque pitié de la foule
des Médecins que cela va mettre sur le
pavé, vous pourriez les en dédommager,
en leur donnant l'entreprise de l'évacua-
tion de votre Salle, ils la purgeroient sû-
rement mieux que les grossiers ouvriers
employés d'ordinaire à cet ouvrage. D'ailleurs ce n'est pas les tirer de leur état, au
contraire, c'est les mettre à même de
mieux observer les sécrétions humaines,
les plus exquises, & les plus subtiles.

Si la fantaisie qu'a l'Empereur de la
Chine de faire emplette d'une Troupe de
Comédiens François, vous enleve cer-
tains Acteurs & Actrices, je vous conseille
de faire bien les fâchés, mais, entre nous,
de ne pas l'être : vous les remplacerez

avec avantage à la premiere Foire.

Vos plus fecrettes vues pour l'avenir ne le font pas tant que vous penfez. On m'a tout dit. Je fais que vous vous propofez de faire mettre des airs gais fur les paroles de vos Piéces fombres & triftes, comme *Beverley*, & autres, afin de leur donner un faux air d'Opéra Comique, & même de grand Opéra. C'eft à mon avis une idée charmante ! Pour plaire fouvent il ne faut qu'étonner. Mais il faut vous y prendre bien adroitement ; car fi Meffieurs du Spectacle Chantant en devenoient jaloux, on pourroit bien vous réduire à vingt-quatre fols, comme Marionnettes , ou vous faire fermer boutique tout-à-fait, à moins que vous ne vouluffiez payer cher la permiffion de crier en mufique à Meffieurs du grand Hurleur , qui en ont le privilége exclufif. Encore mettroient-ils des reftrictions , & ne voudroient jamais vous permettre de crier comme eux , mais feulement jufqu'en *a-mi-la.*

Si vous m'en croyez, vous ne propoferez d'abord ces déguifemens pour vos Piéces que dans les temps de Carnaval. Le Public qui fera enchanté de la nouveauté vous foutiendra par fes applaudiffemens redoublés ; & quand vous aurez enfemble terraffé l'Ogre lyrique , vous ferez mettre en Mufique toutes vos vieilles Tragédies & Comédies. Vous aurez de quoi jouer pendant dix ans fans avoir de part d'Auteur à payer. En ne mettant point trop d'Ariettes , & en ne coupant point chaque fcène par une danfe , on ne pourra pas taxer ces Piéces de grand Opéra ; mais vous ferez obligés , pour éviter toutes tracafferies , d'avertir un de vos Acteurs , s'il vous refte , de s'abftenir de danfer en déclamant , & de dire à un ou deux autres , que , pour chanter leurs rôles , ils continuent de les déclamer. Tel autre qui contrefait à merveille le ton de Capucin , ne jouera que dans ce rôle , fi comme on le peut croire , on permet , après la controverfe des *Révérends Peres Druides* , d'en jouer d'autres. En attendant , il contrefera très-bien la trompette marine dans les Piéces où il y aura quelque rôle de Triton. Tel autre dont la voix reffemble beaucoup à celle du Compére de Polichinelle , fera très-bon pour jouer les jours où vous donnerez des repréfentations d'après-diné pour les enfans. Vous trouverez auſſi pour quelques - unes de vos Actrices des rôles à - peu - près ſemblables, pour leſquels la nature ſemble les avoir formées. Je me tais ſur cet article , pour m'étendre ſur les éloges que méritent vos attentions auſſi humaines qu'ingénieuſes : ces moyens, juſqu'ici négligés , de mettre à l'abri de la pluie , des vents & du froid la quantité conſidérable d'hommes laquais qui attendent à la porte des Spectacles. Jamais on a aſſez penſé à cela : mais vous, à qui il ſemble que la nature a donné par anticipation toute la ſomme des prévoyances bienfaiſantes , & toutes les reſſources de génie qu'on croyoit réſervées aux races futures , vous avez imaginé de faire de toutes les bornes (qui n'ont ordinairement de fonction que de défendre les murailles) de jolies guérites rembourées intérieurement ! Vous y logez ce peuple de valets, ces hommes trop ſouvent punis, par notre oubli envers eux, de la vile condition où les plonge le faux attrait d'une lâche oiſiveté , ou la crainte auſſi mépriſable, de ſouffrir dans les champs que labourent leurs peres, des peines moins

payées, mais estimables. Je préfère beaucoup cette idée pittoresque à ces grands
auvents, & même au projet de couvrir
entierement la place & les rues au-devant
& autour de la Comédie, pour tenir au
moins sur un pavé sec cette quantité d'hommes rassemblés. Je pense que la commu-
nication ne les rend que plus vicieux, &
qu'il vaut mieux les tenir séparés comme
vous avez dessein de le faire.

Le grand tournebride que vous médi-
tez, pour mettre les chevaux à l'abri, de-
mande des réflexions ; peut-être en re-
viendrez-vous à les laisser dans la rue,
comme on fait par-tout. Je sais bien que
cela gêne beaucoup la voie publique &
la liberté du commerce ; & puis souvent
ces pauvres bêtes font pitié. Il y a des
temps où je voudrois qu'on leur donnât
des guêtres & un parapluie, même au Colisée.

Je ne sais pourquoi je ne puis m'empêcher de faire toujours des vœux pour
que vous portiez vos regards sur ce Colisée. Que d'agrémens, de graces, vous ré-
pandriez dans ce lieu où l'art semble avoir
travaillé avec soin à les cacher ! Vous

connoiffez la flûte avec laquelle Arlequin voleur par amour fait danfer & chanter fes Juges : eh bien ! je crois que vous feriez avec vos ingénieufes idées , de même que lui avec cette flûte enchantée, danfer & fauter comme des bienheureux tous ceux que le défir de s'amufer y ameneroit en foule. Seulement d'y penfer j'entre en gaîté. Je danfe ! Je faute même ! Car, de la Comédie Françoife, me voilà allée tout d'un faut au Colifée, & d'un autre bond je paffe à la Comédie Italienne, qui elle - même va faire auffi un beau faut de la rue Monconfeil au Pont-aux-Choux. Les Spéculateurs qui embouchent le flageolet qui doit opérer ce prodige, ne penfent pas lui faire faire un faut périlleux. Ils ont, pour feconder leur projet, tous les Amateurs du Marais & les abonnemens de cette Province de Paris.

Le choix du quartier & le plan méritent des éloges. Ce plan n'eft pas un de ces plans que le jugement rejette & détruit. L'architecture & le goût y ont préfidé. Ce n'eft pas l'ouvrage de ces hommes de talent fans yeux , qui ont des Prôneurs fans jugement, des Auditeurs ébahis, des

Tréforiers fans fonds, des Protecteurs qui protégent fans examen. Enfin, ce n'eft point un de ces projets qui , plus mûrement réfléchis , reftent à la liaffe des projets oubliés. Celui-ci aura fon exécution, parce qu'il n'eft pas l'ouvrage d'un intérêt différent de l'intérêt public. O mon cher Paris ! Grace à ces bons Citoyens , tu vas avoir des monumens placés où tu ne penfois jamais en avoir. Des monumens dignes de toi , dignes de ta renommée. On n'écoute plus des rêveurs égarés ; on appelle, on confulte les génies les mieux réglés & les plus fertiles ; on détermine la place des édifices & leur grandeur, fans écouter le cri de l'avarice ; on pèfe dans la balance de la raifon toutes les opérations avant que de commencer ; on n'épargne ni le temps ni les frais néceffaires pour les fuccès ; enfin tu vas égaler Rome , cette Rome qui attire encore aujourd'hui les regards de l'univers. Ah ! fi fes monumens euffent été l'ouvrage non réfléchi du premier venu , les verroit-on encore les modèles du monde entier. Poffèderois - tu ton Louvre, tes Palais, fi , dans tes murs, l'on eût toujours été indifférent & peu magnifique ? Tes Théâtres vont être élevés dans les quartiers où les délibérations des Citoyens les demandent, & non les petits intérêts d'une poignée de Comédiens. A ces monumens faits en ton nom & pour ta gloire, on va donner la beauté & l'étendue nécessaires sans épargne & sans profusion. Puissent mes yeux voir un jour ces merveilles !

Pardonnnez-moi, Messieurs, d'avoir loué ici encore d'autres idées que les vôtres ; mais le beau, le vrai beau m'enthousiasme, & par-tout où je le trouve, je l'applaudis. Je conviens que j'avois une source inépuisable, si j'eusse voulu louer tout ce que vos sublimes projets offroient à mon esprit. Mais je me serois épuisée plutôt que d'épuiser une si belle matiere ; & comme elle est plus louable que je n'ai de talens pour la louer, je m'arrête & laisse à d'autres plumes que la mienne le soin d'en développer toutes les perfections. Je n'ai peut-être pas même su me taire à propos ; mais je suis femme, voilà mon excuse.

F I N.

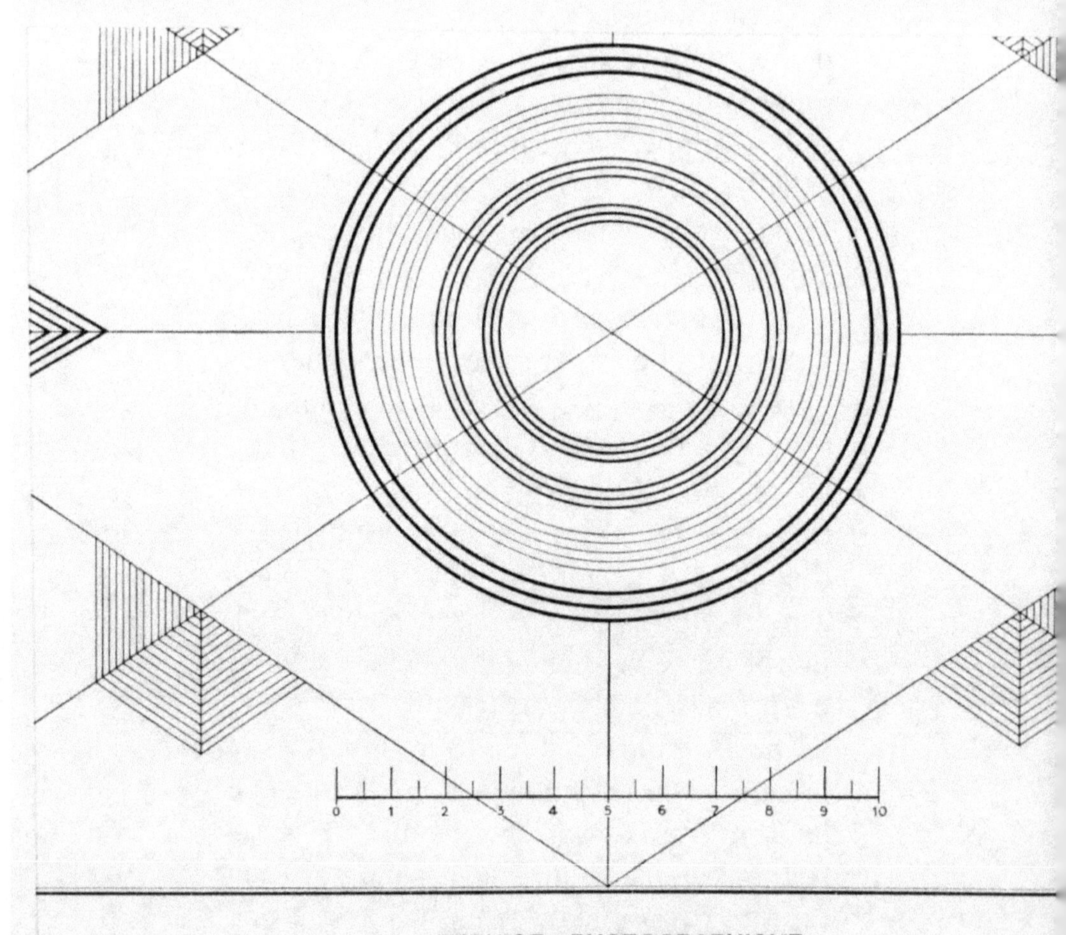

SERVICE   PHOTOGRAPHIQUE